SURF AND SKYLINES

Snowdonia and its shores from the sky

Aber afon Conwy.

Conwy estuary.

MÔR A MYNYDD

Eryri a'r glannau o'r awyr

Ffotograffiaeth: Gwilym Davies

Testun: Iwan Llwyd

Aberdyfi

SURF AND SKYLINES
Snowdonia and its shores from the sky

Photography: Gwilym Davies

Text: Iwan Llwyd

Argraffiad cyntaf: Tachwedd 2001

(h) Lluniau – Gwilym Davies
(h) Testun – Iwan Llwyd

Rhif Llyfr Safonol Rhyngwladol: 0-86381-737-8

Cynllun clawr: Sian Parri

Argraffwyd gan Interprint, Marsla a Chyhoeddwyd gan Wasg Carreg Gwalch,
12 Iard yr Orsaf, Llanrwst, Dyffryn Conwy, Cymru LL26 0EH.
☎ (01492) 642031 📠 (01492) 641502
e-bost: llyfrau@carreg-gwalch.co.uk.
lle ar y we: www.carreg-gwalch.co.uk

Aber afon Glaslyn a harbwr Porthmadog.

Glaslyn estuary and Porthmadog harbour.

r h a g a i r

O dro i dro, bydd rhywrai'n gofyn o ble daeth y clwy yma i hedfan uwch Eryri a'r glannau, gan dynnu lluniau o'n gwlad brydferth – a bydd rhaid i minnau gyfaddef mai dyna'r prif reswm dros wneud hynny. Mae'r golygfeydd mor drawiadol nes fy mod eisiau rhannu eu harddwch gyda chymaint o bobl ag sy'n bosibl. Ni fyddaf fyth yn blino ar y teithiau rhyfeddol hyn: maent bob amser yn wahanol, mewn golau gwahanol, mewn tymhorau gwahanol – cylchoedd gwych a di-ben-draw o liwiau.

Rwyf wedi teimlo ei bod hi'n dipyn o bechod na fuasai mwy o drigolion daear yn medru gweld yr hyn a welsom yn yr uchelderau yn ôl ac ymlaen o Mona. Dyna pam ein bod yn croesawu'r cyfle hwn i atgynhyrchu'r lluniau mewn llyfr.

Rwy'n dweud 'ni' gan na fyddai hyn yn bosibl heb gymorth fy mheilot, Arfon. Rydym wedi bod gyda'n gilydd ers tro byd bellach – bydd ef wrth lyw'r awyren a minnau y tu ôl i'r camera ac ni fyddwn byth yn ffraeo ynglŷn â sut i rannu'r gwaith. Fydda' i byth yn edrych ar y gêr hedfan a 'fydd yntau byth yn dweud wrthyf innau pa lens i'w defnyddio.

Daethom at ein gilydd mewn ffordd dawel ar fore Sadwrn hyfryd yng nghanol yr haf, rai blynyddoedd yn ôl, pan oeddwn newydd orffen cynnal clinig deintydd ac yn edrych allan yn hiraethus ar heulwen oedd yn wych ar gyfer tynnu lluniau. Daeth Arfon i mewn i ofyn imi a gawsai ganiatâd i roi hysbysiad ar wal yr ystafell aros. Roeddem wedi cyfarfod yn y clwb hedfan unwaith, felly dyma'i holi os oedd wedi bod yno'n ddiweddar. Pleser mawr oedd ei glywed yn dweud ei fod yn bwriadu mynd yno'r prynhawn hwnnw ac nad oedd ganddo neb i rannu'r awyren gydag ef. Roedd hynny rhyw ddeunaw mlynedd yn ôl ac rydym yn dal i anelu am yr uchelderau pryd bynnag y cawn ni awyren ar ddiwrnod clir gyda fawr ddim gwynt i'n gyrru oddi ar ein cwrs.

Byddwn yn hedfan rhwng 700 a 1000 troedfedd uwchben y ddaear, gyda ffenestr y camera'n agored i atal ôl 'crafu' ar y lluniau ac adlewyrchu golau. Rwyf wedi canfod nad yw camerâu 35mm yn rhoi cystal lluniau ag un sy'n defnyddio negydd mwy. Ffactor arall sy'n bwysig wrth geisio cael lluniau llwyddiannus o'r awyr yw'r defnydd o ffilm gyflym, sydd wedi gwella y tu hwnt i bob amgyffred dros y deng mlynedd diwethaf. Rydym erbyn hyn wedi dechrau defnyddio ffilm 800 asa, sydd yn wych, gan roi cyflymder clicied uchel yn ddelfrydol o leiaf 1/1000 o eiliad, sef cyflymder eithaf y camerâu Mamiya rwy'n eu defnyddio.

Diolch i Iwan Llwyd, y prifardd o Fangor am ychwanegu ei eiriau at y delweddau ffotograffig. Gobeithio y cewch chithau bleser yn y casgliad hwn.

Gwilym Davies

Gorsaf Trên Bach yr Wyddfa yn Llanberis.

The Snowdon Railway Station at Llanberis.

preface

Occasionally, I get asked why I have become addicted to flying above Snowdonia and its shores and taking pictures of our beautiful country – and I must admit, that is the prime reason for doing so. The views are so breathtaking that I want to share their wonder with as many people as I can. They are fascinating journeys which have never palled on me: they are always different, in different lighting conditions, in different seasons – a continuous, glorious kaleidoscope.

I have always felt that it was a great pity that more of the population couldn't see the views that we have seen on our high travels to and from Mona. That's why we have jumped at the chance of having the photographs reproduced in volume form.

I say we, as none of this would be possible without Arfon, my pilot. We have been together for a long time now – he flies the aircraft and I take the pictures and we never quarrel about the division of labour. I never look at the flying instruments and he never tells me what lens to use.

We got together in a quiet way on a beautiful Saturday in mid summer some years ago, when I was finishing the morning dental surgery and looking out wistfully at the superb light for photography. Arfon came in to ask if he could put up a notice in my waiting room. We had met at the flying club once, and I asked him if he had been there recently. I was very pleased when he said he was thinking of going there that afternoon and had nobody to share the flight with him. That must have been eighteen years ago and we are still taking to the skies whenever we can get an aircraft on a day of good weather with good visibility and little wind to blow us off course.

We fly between 700 and 1000 feet high, with the camera window open to avoid 'scratched' photographs and reflected light. I have found that 35mm cameras do not give as good a picture as one using a bigger negative. Another big factor for successful aerial photography is the use of fast film, which has improved out of all recognition over the last ten years. We have now started to use 800 asa film, which is superb, and which gives you a fast shutter speed ideally at least 1/1000 of a second which is the limit on the Mamiya cameras that I use.

Our thanks to Iwan Llwyd, the Welsh poet from Bangor, for adding his far reaching words to the photographic images. We do hope you all also will find enjoyment in this collection.

Gwilym Davies

cyflwyniad

Wrth ddychwelyd o Gaergybi i Fangor yn y 1770au, tynnodd Thomas Pennant sylw ei ddarllenwyr at 'dafarn gyfforddus o'r enw *Gwindy*'. Roedd 'Gwyndy', sydd rhwng Trefor a Llynfaes ar yr hen lôn bost ar draws Ynys Môn, yn dafarn sylweddol a oedd am gyfnod hir hefyd yn lythyrdy. Yn anarferol lle bo tafarnau Cymru yn y cwestiwn, roedd y rhan fwyaf o deithwyr yn canmol ei lety a'i fwrdd. Mae sylwadau Henry Skrine yn nodweddiadol, '... every accommodation was admirably supplied and much enhanced by the attention of our worthy landlady who had been fixed on the spot for about forty years.'

Mae'n debyg mai gwraig 'debol Hugh Evans, Gwyndy oedd y letywraig hynod hon, a bu ei gŵr yn dwyn y post o'r dafarn i Gaergybi yn rheolaidd o 1745 hyd at ymddangosiad y goets fawr gyntaf i gario'r 'mêl' yn 1785. Roedd Thomas Telford ei hun yn gyfarwydd â gwasanaeth ardderchog y Gwyndy, a phan gwblhawyd ei lôn bost newydd o yn yr 1820au, rhoddodd gyfarwyddyd y dylai Eliza Jones, gweddw postfeistr Gwyndy, dderbyn pensiwn i'w digolledu am y fasnach a gollodd oherwydd y ffordd newydd. Heddiw mae Gwyndy yn adfail dan eiddew – 'mieri lle bu mawredd'.

Erbyn hyn mae 'na lôn bost newydd wedi ei thorri drwy gaeau bras y Famynys unwaith yn rhagor, ac mae'n siŵr bod 'na ambell i dafarn ac ambell i swyddfa bost unwaith eto yn poeni am eu dyfodol wrth i draffig Caergybi wibio heibio ar y ffordd osgoi. Ac fel ynys sy ar y briffordd o Iwerddon i Lundain, profodd Môn awelon cyfnewidiol llwybrau'r teithiwr. Ond dyna natur y berthynas rhwng dyn a'r tirwedd, fyth er i'r llwythau cyntaf gyrraedd y cilcyn o ddaear hwn ar gyrion gorllewin Ewrop. Er mor hoff gan rai arlunwyr dirwedd sy'n rhydd o greithiau ac olion hynt a helynt dynoliaeth, yr hyn sy'n rhoi cymeriad i'r tirlun yw y modd y bu llwythau a chymunedau yn ei altro a'i newid, gan adael patrymau cymhleth y berthynas rhwng tir a phobl yn waddol i'r dyfodol.

Olrhain rhai o'r patrymau hyn a wna'r lluniau sydd yn y gyfrol hon, patrymau y mae hi weithiau yn haws i'w gweld o'r awyr. Ac wrth i ni yn yr unfed ganrif ar hugain dorri llwybrau newydd ar draws y tir, mae'n bwysig nad ydym yn colli golwg ar y llwybrau a'r patrymau a greodd y tirwedd yr ydym mor awyddus i'w warchod heddiw.

Caernarfon – caer bwysicaf Edward I, a chyn hynny pencadlys y Rhufeiniaid yng ngogledd-orllewin Cymru.

Caernarfon – the most important of Edward's castles, and before that, the Roman headquarters in north-western Wales.

*Penmynydd —
cartref y
Tuduriaid, yr hen
deulu dylanwadol a
aeth yn eu blaenau i
hawlio coron
Lloegr.*

*Penmynydd —
home of the Tudors,
the influential
Welsh family that
went on to claim the
English crown.*

introduction

'A place is more than the contours of landscape ... It's the people who live there and who have lived there that matter,' said the poet Dannie Abse. And over the generations people have shaped and re-shaped the landscape of northern Wales. Returning from Holyhead to Bangor in the 1770s, Thomas Pennant drew his readers' attention to 'the comfortable inn called *Gwindy*'. Gwyndy, the ruins of which can still be seen between Trefor and Llynfaes on the old mail route across Anglesey, was a substantial inn which also served as a post office. Unusually for a Welsh inn, most travellers had a good word for its accommodation and food. Henry Skrine's remarks are typical, '... every accommodation was admirably supplied and much enhanced by the attention of our worthy landlady who had been fixed on the spot for about forty years.'

This 'worthy landlady' was probably the wife of Hugh Evans of Gwyndy who was responsible for regularly carrying the mail from the inn to Holyhead from 1745 until the first mail coach took over the work in 1785. Thomas Telford himself was aware of the Gwyndy's famous welcome, and when his new main road and mail route was completed in the 1820s, he recommended that Eliza Jones, widow of the Gwyndy postmaster receive compensation for the trade that was lost when the new road opened. The ivy covered ruins of Gwyndy today are a reminder of its past glories.

Today a new expressway has once again been cut through the Mother Isle's green fields, and in the villages along the route other innkeepers and post officers are concerned about the future as the traffic to Holyhead roars past on the new road. And as the island on the main route between Ireland and London, Anglesey has always experienced the changing routes of the traveller. But that is the nature of the relationship between man and his landscape ever since the first people arrived in this corner of the globe on the extreme edge of western Europe. Although some artists prefer to portray a landscape free of the scars and remains of man, that same landscape's character has been created by the way people and communities shaped and worked it, leaving the relationship's complex patterns as an inheritance for the future.

The photographs in this book show us some of these patterns, patterns which can be seen more clearly from the air. And as we in the twenty-first century cut new paths across the land, it's important that we don't lose sight of the paths and patterns that formed the landscape that we are so keen to conserve today.

Ynys Enlli, lle y dywedir bod gweddillion 20,000 o seintiau wedi eu claddu.

Bardsey Island, where tradition maintains that the remains of 20,000 saints have been buried.

Lôn Môn - yn yr unfed ganrif ar hugain.

The new twenty first century expressway across Anglesey.

Penmon a Seiriol — credir efallai bod sarn yn cysylltu'r mannau sanctaidd hyn â Phenrhyn y Gogarth ar un adeg.

Penmon and Puffin Island — it is believed that an ancient causeway used to link these holy sites with the Great Orme's Head.

Hafan Pwllheli gyda'r Eifl a'r Gyrn yn y pellter.

Hafan - the Pwllheli harbour, with the Eifl and Gyrn range in the distance.

*Rhosyr ger Niwbwrch —
safle un o lysoedd
Tywysogion Gwynedd.*

*Rhosyr near
Newborough — site of one
of the royal courts of
Gwynedd.*

*Y lôn newydd yn pasio
glannau gorllewinol Môn.*

*The new Anglesey road
passing the western coast,
which is featured as
Branwen's landing place
from Ireland in the second
tale of the Mabinogi.*

Porthdinllaen – a gynigwyd ar un adeg fel safle'r prif borthladd ar gyfer croesi i Iwerddon.

Porthdinllaen – once suggested as the site for the main port for crossing to Ireland.

Yr HSS yn gadael Caergybi gyda'r machlud.

The HSS leaving Holyhead at sunset.

...a thonnau gwyllt y môr

Patrymau adlewyrchiad cymylau ar Foel Wnion. Patrymau'r dail yn llenwi'r gofod rhwng brigau'r gaeaf. Patrymau'r boda yn chwyrlïo'n uchel dros y gelltydd. Dyma batrymau naturiol ein tirwedd. Ond daeth dyn a chreu patrymau newydd. Mae nifer fawr o olion cynharaf Cymru ar hyd ei harfordir, gan awgrymu'n gryf mai pobl gynefin â llwybrau'r môr oedd y trigolion cynnar. O gofio bod y rhan fwyaf o'r tir ar y pryd dan goed, ac mai digon gerwin oedd y mynydd-dir wedi cilio oes yr iâ, mae'n naturiol tybio mai glynu at yr arfordir oedd hawsaf. Y bryngaearau sy'n ymestyn o Forgannwg i Fôn yw rhai o adeiladaethau cynharaf Cymru, ac fe'u codwyd dros gyfnod o fil o flynyddoedd. Un o'r rhai hynotaf yw Tre'r Ceiri ar yr Eifl ym Mhen Llŷn. O fewn y muriau uchel mae olion cant a hanner o gytiau crwn. Ac o sefyll yno ar noson o ha' mae'n hawdd dychymgu'r trigolion cynharaf yn edrych draw tua mynydd Caergybi, a gweld tanau cytiau'r Gwyddelod yno, uwchben Ynys Lawd.

Dyma'r arfordir sy'n atgoffa rhywun fwyaf o bwysigrwydd ynys Môn a Llŷn ar lwybrau taith cynharach na'r goets fawr a'r rheilffordd. Arweiniai llwybrau'r pererinion o bob cyfeiriad i Ynys Enlli, yr oedd tair pererindod iddi yn cyfateb i ymweliad â'r Ddinas Sanctaidd ei hun. Canodd Lewis Glyn Cothi gywydd i Lawddog, un o seintiau Enlli, gan restru seintiau eraill a gysylltir â'r ynys:

> At Faglan, ei frawd annwyl,
> Llawddog aeth, gwell oedd eu gŵyl.
> Henwyn a'i gloch wen yn glau,
> Hyd tir Saint, a'i troes yntau,
> Yno'dd oedd drwy'r hen Ddeuddeg,
> Yn lle Duw yn Enlli deg.

Hyd yn ddiweddar roedd cysylltiad agosach rhwng Môn a Lerpwl i'r dwyrain a Dulyn i'r gorllewin nag â gweddill Cymru. Cyn i'r lôn bost dorri drwy'r ynys, mae'n bur debyg mai llwybrau'r arfordir fyddai'r llwybrau prysuraf. Mae ynysoedd fel Seiriol, Cwyfan a Chybi yn dyst i ymlyniad y seintiau i'r arfordir, ac roedd lleoliad llys y tywysogion yn Aberffraw, a chaer ddiweddarach Edward ym Miwmares hefyd yn dyst i dynfa'r môr.

Erbyn heddiw Caergybi yw'r prif borthladd ar gyfer croesi i Iwerddon. Ond pe byddai Porthdinllaen yn Llŷn wedi ennill y ras yn y bedwaredd ganrif ar bymtheg, fe fyddai tirwedd gogledd Cymru, a Phen Llŷn yn arbennig, yn wahanol iawn heddiw. Ond nid felly y bu, a phentref pysgota a gwyliau tawel yw Porthdinllaen erbyn hyn, nid porthladd brysur. Eto, o Ddinas Dinlle i Abergwyngregyn ar un lan i'r Fenai, ac o Ynys Seiriol i Landdwyn ar y lan arall, mae olion gwaed a gweddïau pobl yn gymysg â phatrymau naturiol tro'r llanw.

Yr Eifl o fae Caernarfon.

The Eifl from Caernarfon bay.

*Ynys Lawd
a goleudy enwog
South Stack.*

*The famous lighthouse at
South Stack, or Ynys
Lawd in Welsh.*

... an intense sense of the sea

The reflections of clouds on Moel Wnion. The shadows of leaves in the spaces between winter branches. The patterns that a buzzard weaves high above the woodland. These are our landscape's natural patterns. But man came and created new patterns. A great many of the earliest human remains in Wales are along her coastline, suggesting that the earliest inhabitants came on the sea routes. At the time most of the land was woodland, and the uplands would be barren after the last ice age. It was easier for the earliest inhabitants to keep to the coastal lands. The hill forts which stretch from Glamorgan to Anglesey are among Wales' earliest buildings, and they were raised over a period of a thousand years. One of the most striking is *Tre'r Ceiri (The Township of the Giants)* on the Eifl on the Llŷn peninsula. Within the high walls there are the remains of a hundred and fifty circular huts. And on a summer evening it is easy to stand there and imagine the earliest inhabitants looking out towards Holyhead mountain, and seeing the fires of the 'Irish' huts there, above South Stack.

This is the coastline that is a reminder of the importance of Anglesey and the Llŷn on routes that were much earlier than the mail coach and the railway. The pilgrims' ways converged on Bardsey Island, with three pilgrimages to the island equivalent to a visit to the Holy City itself. The medieval Welsh poet, Lewis Glyn Cothi, sang a cywydd to Llawddog, one of Bardsey's multitude of saints, naming a number of the island's other residents:

> At Faglan, ei frawd annwyl,
> Llawddog aeth, gwell oedd eu gŵyl.
> Henwyn a'i gloch wen yn glau,
> Hyd tir Saint, a'i troes yntau,
> Yno'dd oedd drwy'r hen Ddeuddeg,
> Yn lle Duw yn Enlli deg.

(To Baglan, his dear brother, Llawddog went, and their feast was fair. Henwyn came swiftly with his holy bell, to the land of the saints he returned, there he was by the grace of the Twelve, in God's place on fair Bardsey.)

Until recently, Anglesey had a closer relationship with Liverpool in the east and Dublin in the west than with the rest of Wales. Before the main mail route cut across the island, the routes of the sea would have been the busiest. Islands named after the saints Seiriol, Cwyfan and Cybi prove that the early Christians clung to the coast, and the location of the Welsh Princes' stronghold in Aberffraw, and Edward I's later fortress at Beaumaris also indicate the sea's importance.

Today Holyhead is the main crossing point to Ireland. But if the small fishing village of Porthdinllaen on the Llŷn would have won the race during the nineteenth century, the landscape of north Wales, and Llŷn especially, would have been very different today. But it was not to be, and Porthdinllaen is a sleepy fishing and holiday village, not a busy port. Yet from Dinas Dinlle to Abergwyngregyn on one side of the Menai Strait, and from Puffin Island to Llanddwyn on the other, there are traces of people's blood and prayers in the tide's intricate patterns.

Tre'r Ceiri

*Dinas Dinlle —
safle caer Lleu yn
chwedl
Blodeuwedd yn y
Mabinogi.*

*Dinas Dinlle — or
the stronghold of
Lleu, one of the
main characters
in the fourth tale
of the Mabinogi.*

Llanddwyn — y penrhyn lle claddwyd Dwynwen, santes y cariadon.

Llanddwyn — the promontory where it is said that Dwynwen, patron saint of lovers, is buried.

Harlech a'r mynyddoedd.

Harlech and the mountains.

Y Fenai ger Biwmares a thywod traeth Lafan yn gwahanu Môn oddi wrth gweddill Cymru.

The Menai Strait, near Beaumaris — whose fierce currents separate Anglesey from the rest of Wales.

Cob Caergybi gyda'r lôn newydd.

The new expressway runs side by side with the old Cob at Holyhead.

*Y Cwm a'r Rhaeadr
uwchben
Abergwyngregyn.*

*The Cwm and the Falls
above Abergwyngregyn.*

*Olion chwarel Carreg
yr Imbill ar lan y
môr a cheg harbwr yr
Hafan, Pwllheli.*

*The remains of the
granite quarry at
Carreg yr Imbill and
the mouth of Pwllheli
harbour.*

yng nghwmni'r saint

Llwybrau'r môr ddaeth â'r Cristnogion cynnar i arfordir Cymru, i sefydlu celloedd ymhlith y brodorion yn ystod y bumed a'r chweched ganrif. Yn eu plith daeth Deiniol i sefydlu cell yn nyffryn Adda yn y flwyddyn 525 OC. Datblygodd ei gell yn feithrinfa i genhadon eraill, ac mae'n debyg ei fod ar ffurf casgliad o gytiau crynion o fewn clawdd pren. Dyma'r 'Bangor' a ddatblygodd yn enw'r ddinas a gododd yn sgîl yr eglwys. Yn ôl traddodiad, cysegrwyd Deiniol yn esgob yn 546, a thrwy nawdd Maelgwn Gwynedd, y tywysog ar y pryd, tyfodd Bangor yn brif ganolfan crefyddol y gogledd orllewin, a'r eglwys gadeiriol yn orweddfan i dywysogion.

Oherwydd pwysigrwydd Môr Iwerddon yn natblygiad yr Eglwys Geltaidd, mae glannau gogledd Cymru yn frith o eglwysi a sefydliadau crefyddol cynnar. Un o'r pwysicaf a'r hynotaf yw priordy Penmon, gyferbyn ag Ynys Seiriol ym mhen draw dwyreiniol Môn. Mae i'r gornel hon o'r ynys yn amlwg arwyddocâd crefyddol. Claddwyd Siwan, gwraig Llywelyn Fawr yn Llanfaes gerllaw, a dywedir bod Maelgwn Gwynedd ei hun wedi ei gladdu ar Ynys Seiriol. Mae darganfyddiadau archaeolegol diweddar yn awgrymu bod sarn yn arfer croesi o Ynys Seiriol i'r Gogarth, a fyddai'n awgrymu cysylltiad agos â chaer Maelgwn yn Neganwy.

Yn amlwg, roedd i ynysoedd bwysigrwydd yn oes y seintiau. Cleddid cyrff yno rhag iddyn nhw gael eu dadgloddio gan fleiddiaid ac anifeiliaid eraill. Mae ynys hefyd yn cynnig amddiffynfa naturiol. Roedd hi'n naturiol felly i Seiriol a Chybi a Chwyfan ddewis sefydlu eu celloedd ar yr ynysoedd hyn. Ac yn nyfroedd berw'r Fenai, dewisodd Tysilio sefydlu eglwys ar ynys fechan o fewn tafliad carreg i'r lan. Ymwelodd Baldwin, Archesgob Caergaint, ag Ynys Tysilio yn 1188, yng nghwmni Gerallt Gymro i geisio recriwtio milwyr ar gyfer y drydedd Grwsâd i Balesteina. Yn ddiweddarach o lawer, claddwyd un a fu'n filwr yn y Dwyrain Canol, y bardd a'r archdderwydd Cynan yn nhawelwch Ynys Tysilio. A chyfrannodd y sant a'i ynys hefyd wrth gwrs i enw hiraf Cymru.

Roedd i Fôn arwyddocâd crefyddol ymhell cyn dyfodiad Cristnogaeth i'r glannau hyn. Mae nifer y cromlechi a'r olion cynnar ar yr ynys yn dyst i hynny, ac mae llawer o'r rheiny hefyd, fel Barclodiad y Gawres ger Rhosneigr, yn edrych allan i'r môr. Dros y canrifoedd,

*Priordy Penmon —
sefydliad crefyddol
hynafol sy'n dyst i
arwyddocâd y pen yma
i Ynys Môn.*

*Penmon Priory —
an ancient religious
settlement signifying
the importance of this
part of Anglesey.*

when the saints came marching

It was the sea routes which brought the early Christians to the shores of Wales, to establish cells amongst the native Celts during the fifth and sixth centuries. With them came Deiniol to establish a cell in the valley of the river Adda in 525 AD. His cell developed into a nursery for other missionaries, and apparently it was in the form of a cluster of round huts within a wooden palisade. This is the 'Bangor' which became the name of the city which grew around the early church. Tradition maintains that Deiniol was made a bishop in 546, and under the patronage of Maelgwn, then prince of Gwynedd, Bangor became the main religious centre of the north west, with its cathedral the resting place of princes.

The Irish Sea's importance in the development of the Celtic Church is reflected in the numerous early churches and religious sites along the north Wales coast. One of the most memorable is the Penmon priory, across the narrow inlet to Puffin, or Seiriol's Island on the eastern tip of Anglesey. This corner of the island is of obvious religious significance. Siwan, King John's daughter, and wife of Llywelyn Fawr was buried at nearby Llanfaes, and it is said that Maelgwn of Gwynedd lies buried on Puffin Island. Recent archaeological discoveries suggest that a causeway led from Puffin Island to the Great Orme's Head, suggesting a close link with Maelgwn's fortress at Deganwy.

Islands had a special significance in the age of the saints. Bodies were buried there to keep them from being dug up by wolves and other animals. Islands also provide a natural defence. It made sense then for Seiriol and Cybi and Cwyfan to establish their cells on these small coastal havens. And in the swirling waters of the Menai Strait, Tysilio established his church on a small island within a stone's throw of the shore. Baldwin, the Archbishop of Canterbury

cynyddodd cyfoeth Môn wrth i dir ffrwythlon yr ynys gael ei ddefnyddio nid yn unig i gyflenwi anghenion y trigolion ond hefyd ar gyfer masnach â gweddill Cymru a thu hwnt. Dyma gadarnle olaf y derwyddon cyn iddyn nhw gael eu trechu gan y Rhufeiniaid, ac roedd trigolion yr ynys yn rhannu yr un diwylliant â chrefftwyr godidocaf Ewrop.

Yn 1942, codwyd o Lyn Cerrig Bach ym Môn bron i gant o ddarnau metel sy'n perthyn i gyfnod mawr arddull La Tène o'r Swistir. Offer marchogaeth cain yw'r rhan fwyaf o'r darnau, yn dangos ôl crefftwyr o Iwerddon, swydd Efrog a de-orllewin Lloegr. Mae hyn yn dangos bod Môn ar y llwybrau masnach pwysicaf, a bod arweinwyr o ddylanwad yn byw yno rhwng 150 CC a 50 OC – sy'n cadarnhau mai'r ynys oedd prif ganolfan derwyddon Prydain.

Gyda dyfodiad Cristnogaeth, parhaodd pwysigrwydd yr ynys. Mae'r llannau niferus yn dyst i hynny, a phob eglwys wedi eu codi yn ôl llinell y cysgod a deflir gan groes pan fo'r haul yn machlud, ac yna wedi eu hamgylchynu â mur crwn. Mae'n bosibl wrth gwrs bod y muriau crynion yn nodi tir a oedd yn sanctaidd i'r derwyddon, a bod y Cristnogion cynnar wedi mabwysiadu y llecynnau sanctaidd hyn.

Ynys Tysilio yn y Fenai, sy'n cyfrannu at enw lle hiraf Cymru.

Tysilio (or Church) Island – in the Menai Strait, which has contributed to Wales' longest place name.

Eglwys ger Llyn Alaw ym Môn – mae'n debyg bod ffurf gron y mur o'i hamgylch yn dyddio'n ôl i oes gyn-Gristnogol.

A church near Llyn Alaw on Anglesey – the circular wall around it probably signifies a pre-Christian religious site.

visited Tysilio, or Church Island, in 1188, accompanied by Gerald the Welshman on a recruiting drive for the Third Crusade to the Holy Land. And much more recently, a poet who fought in the Middle East during the First World War, Albert Evans Jones, or 'Cynan' chose to be buried in the tranquillity of the island. And of course, the saint and his island contributed to the longest place-name in Wales!

Anglesey held a religious significance for the Celtic inhabitants long before Christianity came to these shores, as the many dolmens and prehistoric sites on the island suggest. And many of these sites as well, such as Barclodiad y Gawres *(The Giantess' Apron)* near Rhosneigr, face out to sea. Over the centuries Anglesey's wealth increased as its fertile lands were used not only to meet the needs of its own people, but also to supply and trade with the rest of Wales and beyond. This was the Druids' last stronghold before they fell on the Roman sword, and the people of Anglesey shared the same culture as some of Europe's most fabulous craftsmen.

In 1942 almost a hundred fine metal pieces were discovered in Llyn Cerrig Bach *(Lake of the Small Stones)* on Anglesey. Most are intricate pieces of riding tackle in the style of the La Tène culture of Switzerland, bearing the mark of craftsmen from Ireland, Yorkshire and south west England. This shows that Anglesey was on the major trade routes, and that wealthy chieftains lived there between 150 BC and 50 AD – confirming that the island was the main centre for the Druids of Britain.

The island's importance continued with the coming of Christianity. The numerous

Capel Jeriwsalem,
Bethesda — un o
gadarnleoedd
Anghydffurfiaeth
Gymreig.

Jerusalem Chapel,
Bethesda — one of the
corner stones of Welsh
nonconformity.

Eglwys mewn maes ŷd, dros y Fenai o'r
Felinheli.

A church in a cornfield, across the
Menai from Felinheli.

Cytiau Gwyddelod ger Caergybi.

'Cytiau Gwyddelod' (lit. 'Irishmen's huts') — old Celtic dwellings near Holyhead.

churches are all built and aligned to the shadow of a cross at sunset, and surrounded by a circular wall. The circular walls may of course signify places that were sacred to the Druids, and that the early Christians adopted these sacred sites.

As Christianity developed the 'great men of Anglesey' contributed to many awakenings and reformations. From strange birds like the 18th century poet and priest, Goronwy Owen, to carrion birds like the Rev. John Williams of Brynsiencyn, the clerics of Anglesey contributed to the wealth of the Welsh language and culture. Today many of the island's chapels and churches are empty shells, or shells occupied for other purposes, as is true of much of Nonconformist Wales.

But the contribution of the nonconformist denominations in the development of Welsh culture and society from the second half of the 18th century up to the First World War can not be underestimated. Despite the rifts and schisms between the denominations, these religious developments marched hand in hand with the impact of the industrial revolution in Wales, and the chapels are as numerous as the inns, if not more so, in the industrial valleys of north Wales as in the south. The last great religious revival came to Bethesda during November 1904, in the wake of the great strike in the local Penrhyn quarry. The Wesleyian evangelist, the Rev. Hugh

Wrth i Gristnogaeth ei hun ddatblygu, ac ymrannu, cyfrannodd 'gwŷr mawr Môn' yn eu ffordd eu hunain at sawl diwygiad a deffroad. O adar brith fel Goronwy Owen i adar corff fel John Williams Brynsiencyn, cyfrannodd offeiriad a gweinidogion yr ynys i gyfoeth iaith a chymdeithas Cymru. Erbyn heddiw, blychau gwag, neu flychau a gafodd eu haltro at ddefnydd arall yw llawer o gapeli Ynys Môn, fel cymaint o gapeli eraill y Gymru anghydffurfiol.

Ond nid oes gwadu rhan allweddol yr enwadau ymneilltuol yn natblygiad y diwylliant a'r gymdeithas Gymraeg yn ystod ail hanner y ddeunawfed ganrif hyd at y Rhyfel Byd Cyntaf. Er yr holl ymrannu a checru rhwng y gwahanol enwadau, cyd-redodd y datblygiad hwnnw â chynnydd y chwyldro diwydiannol yng Nghymru, ac mae'r capeli yr un mor niferus, os nad yn fwy niferus na'r tafarndai yn nyffrynnoedd diwydiannol y gogledd fel yng nghymoedd diwydiannol y de. Daeth y diwygiad mawr olaf i Fethesda yn ystod Tachwedd 1904, ar gynffon y streic fawr. Pregethai yr efengylwr Wesla, y Parch. Hugh Hughes ar nos Lun, Mawrth, Mercher a Iau yng nghapel Jeriwsalem, ac ar anterth y diwygiad roedd pum cant o wragedd Bethesda yn cyfarfod ar gyfer cwrdd gweddi bob prynhawn. Erbyn heddiw, Jeriwsalem yw un o'r ychydig gapeli ym Methesda sy'n dal i gynnal oedfaon. Aeth yr awydd i gynnal oedfa a chymdeithas i ddilyn y galw am chwarel a phwll.

Eglwys Clynnog Fawr ar lwybr y pererinion am Lŷn ac Enlli.

The wonderful architecture of Clynnog Fawr's church on the pilgrim's route towards Bardsey.

Cwmorthin, hen gwm chwarelyddol uwch Tanygrisiau y mae ei chwareli a'i gapel bellach wedi cau.

Cwmorthin, an old slate valley above Ffestiniog, with its quarries and chapel now redundant.

Hughes, preached at Jerusalem chapel on Monday, Tuesday, Wednesday and Thursday nights, and at the height of the revival five hundred of the women of Bethesda met for a prayer meeting every afternoon of the week. Today, Jerusalem is one of the few chapels in Bethesda which still holds services. The need for prayer meetings and services has dissolved like the need for the quarry and the pit.

dan gysgod y meini

Cafodd y Graig Lwyd ar fynydd Penmaenmawr ei gweithio ers tua 3000 CC, ac mae bwyeill a wnaethpwyd o'r graig wedi eu darganfod ledled Prydain, ac yno hefyd daethpwyd o hyd i rai o'r olion cynharaf o amaethu, a'r patrymau a grewyd drwy ffurfio caeau ac aredig am y tro cyntaf. Mae meini'r amaethwyr cynnar hyn yn dal i sefyll ar yr ucheldir rhwng Abergwyngregyn yn y gorllewin a dyffryn Conwy i'r dwyrain. Ar hyd y ffordd hon, drwy Fwlch y Ddwyfaen y daeth llengoedd y Rhufeiniaid i godi Caer Seiont yn Arfon, ac mae'n rhyfedd meddwl am y bechgyn tywyll o lannau Môr y Canoldir yn rhynnu yng ngaeafau glannau Menai.

Fyth er y dyddiau cynnar hynny, cloddiwyd llechweddau Eryri i godi caerau a chestyll i wrthsefyll ymosodiadau oddi allan, neu i oresgyn y brodorion cythryblus. Fyth er cyfnod y Rhufeiniaid, roedd Caernarfon yn allweddol i weinyddiad y gogledd orllewin, yn feistr ar geg y Fenai a llwybrau'r arfordir. Dewisodd tywysogion Gwynedd hefyd lannau'r Fenai fel lleoliad eu llysoedd hwythau – yn Aberffraw yn un pen, ac Abergwyngregyn ar y pen arall. Ond efallai mai yng nghadernid y mynyddoedd yr oedd caerau pwysicaf y tywysogion Cymreig. Mae Castell Dolbadarn yn teyrnasu ar fwlch Llanberis, yn ddiogel rhwng y ddau lyn, tra bo Castell y Bere yn un o'r llecynnau mwyaf diarffordd a diogel yn Eryri. Yno, yng nghesail Cadair Idris, medrwch glywed sŵn traed y gwylwyr yn camu'n bryderus wrth gadw golwg ar y bwlch i gyfeiriad Craig y Deryn.

Er mor ddiogel oedd y caerau yn y mynydd, profodd lluoedd ac ystrywiau Edward yn rhy bwerus, ac er mwyn codi ei gestyll newydd ar y patrwm Ewropeaidd diweddaraf yng Nghaernarfon a Chonwy, Harlech a Biwmares, chwalodd y llysoedd a'r cestyll Cymreig a defnyddio'r union feini hynny ar gyfer ei gestyll ei hun. Mae'n ddiddorol edrych yn fanwl ar feini castell a muriau Caernarfon, a dyfalu pa rai a ddaeth o lys Llywelyn ei hun yn Aberffraw.

Hen gylch cerrig ar y Penmaenmawr – mae'r ardal wedi cael ei gweithio a'i hamaethu ers tua 3,000 CC.

An old stone circle on the Penmaenmawr – the land has been quarried and farmed since about 3,000 BC.

*Aberffraw — aethpwyd
â meini o'r llys yma i
godi castell
Caernarfon.*

*Aberffraw — stone from
the Welsh court were
removed to build
Caernarfon castle.*

in the shadow of the stones

The Graig Lwyd *('Grey Rock')* on Penmaenmawr mountain has been worked since around 3000 BC, and stone axes produced on the mountain have been found throughout Britain; and some of the earliest evidence of agriculture, and the patterns formed by creating fields and ploughing have also been found there. The stones set by these early farmers still stand on the high ground between Abergwyngregyn in the west and the Conwy valley in the east. Along this road, through Bwlch y Ddwyfaen *('the Pass of the Two Stones')* marched the Roman legions on the way to build Segontium in Arfon, and it's strange to imagine these dark young men from the Mediterranean shivering on the cold and damp shores of the Menai.

Ever since those early days the slopes of Snowdonia have been quarried to build castles and strongholds to withstand foreign invasions, or to subdue unruly natives. From Roman times Caernarfon has played a key role in the administration of north west Wales, commanding the mouth of the Menai Strait and the coastal sea routes. The native princes of Gwynedd also chose the shores of the Menai for their courts – at Aberffraw in the west and Abergwyngregyn in the east. But the most important Welsh castles were built within the mountain fastness of Snowdonia. Dolbadarn castle commands the Llanberis pass, in the safe haven between the two lakes, while Bere castle nestles in one of the most remote and undisturbed parts of Snowdonia. There, under the watchful gaze of Cadair Idris you can almost hear the footsteps of the sentries as they keep an eye on the pass towards Craig y Deryn *('the Bird's Rock')*.

Despite the strength and safety of the mountain fortresses, Edward I's forces and strategies proved overwhelming, and in the process of building his new castles on the latest European model in Caernarfon and Conwy, Harlech and Beaumaris,

*Castell Dolbadarn —
rhwng y ddau lyn yn
Llanberis, yn
gwarchod y bwlch.*

*Dolbadarn castle —
between the two lakes
in Llanberis —
guarding the pass.*

Castell Dolwyddelan.

Dolwyddelan castle.

*Castell y Bere — un o'r mwyaf
diarffordd o'r cestyll Cymreig, yng
ngesail Cadair Idris.*

*Bere castle — one of the most
remote of the Welsh castles, in the
shadow of Cadair Idris.*

Castell Cricieth.

Cricieth castle.

Ond daeth tro ar fyd eto hefyd. Yn fuan yn ystod gwrthryfel Owain Glyndŵr cipiwyd castell Conwy gan fyddin o Fôn dan arweiniad Tuduriaid Penmynydd. 'Cyntaf lle'r af, llew a rydd, Caer Pen Môn, carw Penmynydd' meddai Iolo Goch yn ei foliant i bedwar mab Tudur o Fôn. Mae lleoliad yr hen blasdy yn rhoi golygfa o'r ynys gyfan, o Benmon i Gaergybi. O gofio eu bod yn ddisgynyddion i un o weinidogion pwysicaf Llywelyn, pa ryfedd i'r uchelgais teuluol yrru Owain Tudur, a aned ym 1400 ac a fagwyd ym Mhenmynydd, i briodi gweddw Harri'r Pumed, Catherine de Valois? Cafodd ei grogi am ei hyfdra, ond dychwelodd disgynnydd arall o'i alltudiaeth yn Llydaw a hawlio coron Lloegr. Ysgwn i a welodd Harri'r Seithfed Benmynydd erioed?

Harlech — safle sy'n hŷn na'r castell. Yma y gwelodd Brân longau Matholwch yn hwylio o Iwerddon.

Harlech — its imprtance is much older than the castle. Here the giant Brân saw ships sailing from Ireland in the second tale of the Mabinogi.

he destroyed the Welsh palaces and fortresses, and used those same stones to build his own strongholds. It's interesting to study the walls and towers of Caernarfon and consider which of those exact stones came from Prince Llywelyn's court at Aberffraw.

But times change. In the first months of Glyndŵr's rebellion in 1400 the castle at Conwy fell to the Welsh rebels led by the Tudor brothers of Penmynydd, Anglesey. In his praise poem to the four sons of Tudor of Anglesey, the poet Iolo Goch said, 'Cyntaf lle'r af, llew a rydd, Caer Pen Môn, carw Penmynydd' *('The first wherever I go, as the Lion commands, is the Head Fort of Anglesey, the stag of Penmynydd')*. The old manor house of Penmynydd looks out over the whole island, from Penmon to Holyhead. As one of the descendants of one of Prince Llywelyn's most important advisers, its no wonder that the family's ambitions led Owain Tudor, born and bred in Penmynydd in 1400, to seek the hand of Henry V's widow, Catherine de Valois. He was hanged for his impudence, but one of his descendants returned from exile in Brittany to claim the English crown. I wonder if Henry VII ever saw Penmynydd?

dilyn llwybrau

Gellir olrhain y llwybrau cynharaf ar draws ein tirwedd yn ôl i'r oes Neolithig, a rhwng 4,000 a 2,000 CC. mentrodd y llwythau o'r caerau uchel i glirio coedlannau yn y dyffrynnoedd. Mae'n debyg mai llwybrau helwyr yn dilyn eu prae oedd y llwybrau cynharaf, ond yn raddol torrwyd llwybrau i gysylltu y llennyrch yn y coed, gan ddilyn nodweddion y tirwedd, yn afonydd a bylchau a dyffrynnoedd.

Erbyn oes y Rhufeiniaid roedd y llwybrau naturiol hyn wedi eu hen droedio, a'u bodolaeth yn rhan o fap naturiol y brodorion. I'r brodorion, rhywbeth estron oedd mapiau gweledol. Roedd y mapiau ar gof a chadw yn yr enwau a'r chwedlau a'r cerddi. Mae cywyddau'r canol oesoedd yn frith o deithiau'r beirdd. Dyna daith ofnadwy y bardd Huw Machno o'i gartref ym Mhenmachno, i Lynllifon ger Dinas Dinlle, un Nadolig stormus, a hynny cyn bod sôn am na chob Porthmadog na phrifffordd i Gaernarfon.

      Dechreuais, dichwerw awydd,
          O Benmachno deithio'r dydd,
     Dros fylchau gwirfrau heb gas
          I dynnu i Fraichydinas.

Roedd gwylltineb tirwedd Cymru yn allweddol i lwyddiant gwrthryfel Glyndŵr, gyda swyddogion a milwyr Lloegr yn glynnu i lwybrau'r glannau, rhwng y trefi newydd. Hyd yn oed yng nghanol y ddeunawfed ganrif, medrai Lewis Hopkin

Yr A55 yn anelu am dwnnel Conwy ger safle hen lwybr drwy'r corsydd: Sarn y Mynach.

The A55 approaching Conwy tunnel, passing the old path through the marshes: Sarn y Mynach.

making tracks

The earliest tracks across our landscape can be dated back to the Neolithic era, and from 4,000 to 2,000 BC the tribes ventured out from their hill forts to clear the wooded valleys. The earliest tracks were probably the tracks of hunters, but gradually paths were formed to link the clearings in the woods, following the natural contours of the landscape, rivers, passes and valleys.

By Roman times these natural routes had been well worn, and they were already part of the native people's innate map. For the inhabitants visual maps were an alien concept. Their maps were part of the native consciousness in the form of names and legends and poems which made sense of the landscape. The strict metre poems of the middle ages abound with the journeys of the poets. The poet Huw Machno went on a terrible journey one Christmas Eve from his home in Penmachno to Glynllifon, near Dinas Dinlle, decades before the cob came to Porthmadog or the main road to Caernarfon. He takes us on that journey -

> Dechreuais, dichwerw awydd,
>> O Benmachno deithio'r dydd,
> Dros fylchau gwirfrau heb gas
>> I dynnu i Fraichydinas.

('I began, with quite a good appetite, from Penmachno on a day's journey, over really brittle passes without fearing them, then towards Braichydinas'.)

The ruggedness of the Welsh landscape was crucial for the success of Glyndŵr's rebellion, with the English soldiers and officials keeping to the coastal routes between the new boroughs. Even in the middle of the 18th century, the poet Lewis Hopkin said of the terrible

ddisgrifio ffyrdd Cymru fel hyn:

    Ffyrdd corsog, lleidiog, llwydion, – hynt wallus,
        Yn llawn tyllau dyfnion,
        Neu gerrig clogfaen geirwon,
        A brwnt ymhob man o'r bron.

Cam pwysig yn natblygiad unrhyw bobl, yw cynhyrchu mapiau gweledol o'r wlad. Mae'r awydd yma i fapio yn rhywbeth dwfn iawn yn ein cyfansoddiad. Yn rhy aml, daw'r mapiwr yn sgil y goresgynnwr – dyna ddigwyddodd yng Ngymru ac Iwerddon, ac ar gyfandir America. Ac oherwydd mai'r goresgynwyr sy'n mapio, enwau, neu ddiffyg enwau y goresgynwyr, sy ar y map. Ar ôl gyrru am bump awr ar draws paith gwastad Ohio un tro, dyma gyrraedd glan afon lle'r oedd bryniau bychan, ond amlwg, yn codi o'r paith. 'Beth yw enw'r bryniau yna', gofynnais i ŵr lleol. 'Does ganddyn nhw ddim enw' meddai. Yn amlwg doedd y bryniau ddim yn ddigon sylweddol i'r dyn gwyn roi enw arnyn nhw. Ond yn siŵr i chi, fe fyddai gan y brodorion, a giliodd o'r ardal ers sawl blwyddyn bellach, enw arnyn nhw, a hwythau fel goleudy yng ngwastadedd y paith. Mae gennym ninnau ein *'no name valley'* ar y mapiau Seisnig, heb sôn am ein Portdinorwics a'n Cardigans. Ond mae'r ymwybyddiaeth o fapiau yn ddyfnach nac enwau ar ddarn o bapur.

Pont Britannia a Phont Menai — y ddwy 'uchelgaer uwch y weilgi'.
Britannia and Menai bridges — the two high fortresses above the fierce waters.

Welsh roads:
    Ffyrdd corsog, lleidiog, llwydion, - hynt wallus,
      Yn llawn tyllau dyfnion,
    Neu gerrig clogfaen geirwon,
      A brwnt ymhob man o'r bron.
    ('Grey, muddy, boggy roads, - the wrong way, Full of deep holes.
    Or rough boulders from the cliffs, And dirty wherever you go'.)

*Cyffordd Llandudno — lle mae rheilffyrdd
a phriffyrdd yn gweu drwy'i gilydd.*

*Llandudno Junction — where railways and
expressways weave new patterns.*

*Porthaethwy — hwyliodd y Brodyr Davies eu
llongau cyn belled â De America o'r porthladd
hwn ddau can mlynedd yn ôl.*

*The port at Menai Bridge — the Davies
brothers sailed their boats from here as far as
South America two centuries ago.*

Malltraeth — a'i dir corsiog lle mae'r hollt rhwng Sir Fôn fach a Sir Fôn fawr.

Malltraeth — and its marshy land on the divide between 'little Anglesey' and 'large Anglesey'.

Lonydd culion yn croesi gwaelod dyffryn Conwy — aeth y Rhufeiniaid a'r porthmyn heibio'r fan hon yn eu tro.

Country lanes crossing the lower part of the Conwy Valley — Romans and drovers passed by in their days.

Yn y ddeunawfed ganrif, dan bwysau y chwyldro diwydiannol newydd, dechreuwyd ceisio goresgyn rhwystrau naturiol natur. Daeth cob i Falltraeth i uno sir Fôn fach a sir Fôn fawr a chob i Borthmadog i drechu'r Traeth Mawr. Yr un adeg, er mwyn gwarchod enwau a llwybrau Cymru rhag mynd i feddiant y goresgynwyr, dechreuodd Iolo Morganwg fapio'r wlad, ac un a ddaeth o dan ddylanwad Iolo oedd John Evans, y gŵr ifanc o'r Waunfawr yn Arfon a aeth i ddilyn y Missouri ar drywydd y Madogwys, yr 'Indiaid' Cymreig yn y 18fed ganrif, a marw yn New Orleans ym 1799. Bu John Evans yntau yn mapio llwybr y Missouri, gan baratoi'r ffordd i'r arloeswyr Lewis a Clarke, yr Ewropeaid cyntaf i groesi'r Rockies. Dyma Gymro ifanc oedd yng nghanol berw gogledd America yn dilyn y chwyldro, yn gweithio yn ei dro i'r Americanwyr, y Saeson a'r Sbaenwyr, ac yn gyfuniad o anturiaethwr, cenhadwr, marsiandiwr, milwr a mapiwr.

Yn ei gampwaith o gofiant i'r awdur Bruce Chatwin, mae Nicholas

Trên Bach yr Wyddfa — cyfaill y teithiwr diog!

The Snowdonia Mountain Railway — friend of weary travellers!

*Strets Traws — lle mae'n
wefr cael herio'r golau glas.*

*The Trawsfynydd Stretch
— where many licenses have
been blotted.*

A key stage in the development of any nation is the drawing of visual maps of the country. This need to map the land is an inherent part of our being. Too often the map-maker comes with the colonist — this happened in Wales and Ireland, and on the American continent. And because it's the colonist that creates the maps, it's the names, or lack of names which the colonist brings which are on the map. Once, after driving for five hours across the unending plains of Ohio, we arrived at a river where small hills rose above the plain. 'What are these hills called,' I asked a local man. 'They have no name,' he replied. Obviously the hills were not high enough for the white man to bless them with a name. But I'm certain that the native people of the area, who have long since gone, would have had a name for these hills which were like beacons in the unending plains. We also have our *'no name valley'* ond maps drawn by others, as well as our Portdinorwics and Cardigans. But the awareness of maps goes deeper than names on paper.

In the eighteenth century, as the new industrial revolution gathered steam, people began to get to grips with nature's obstacles. A cob came to Malltraeth in Anglesey to bridge the two parts of Anglesey divided by a natural fault, and cob also came to Porthmadog to defeat

Shakespeare yn sôn am bererindod Chatwin ar drywydd brodorion Awstralia, ac am arwyddocad eu mytholeg. Yn ganolog i'r fytholeg honno mae'r gred yn y 'llwybrau cerdd', *'A "songline" is the term popularised by Bruce for "tjuringa line" or "dreaming track". It is not translatable in any sense. It is at once a map, a long narrative poem, and the foundation of an Aboriginal's religious and traditional life.'*

Credai Chatwin mai yr anian grwydrol oedd anian gyntaf y ddynoliaeth. Roedd mytholeg brodorion Awstralia yn ddelwedd berffaith i'r anian honno, ac i'w gymeriad ansefydlog, crwydrol ef ei hun. Daeth y ddamcaniaeth hon yn real sanctaidd iddo ar ddiwedd ei oes fer, ac yn thema ganolog ei gyfrol fawr, *The Songlines*. A gwelai gymaint o agweddau ar weithgaredd a hanes y ddynoliaeth yn adlewyrchu'r anian grwydrol yma – pererindodau crefyddol, bywyd nomadig llwythau gogledd yr Affrig a phaith Asia ganol, y farchnad mewn caethweision rhwng yr Affrig ac America; hyd yn oed gyrfa forwrol aelodau o'i deulu o ei hun. Oherwydd nad oedd ef ei hun yn teimlo'n gartrefol mewn unrhyw un fan am yn hir, daeth i ymddiddori mewn pobl eraill a ymsefydlodd, neu a grwydrodd ymhell o'u cynefin. Pobl wahanol. Ond trwy'r holl grwydro roedd y *tjuringa*, y map personol, yn cyfeirio'r daith.

Wrth deithio de'r America, cefais fy synnu cyn lleied o fapiau cywir oedd ar gael, ond eto, ar ganol y paith mwyaf anial fe fyddai yna bobl yn sefyll, yn cerdded, yn rhedeg. Yn amlwg yn gwybod yn iawn lle'r oedden nhw ac i le'r oedden nhw'n mynd. Hyd yn ddiweddar, *terra incognita* oedd Patagonia, a hyd heddiw roedd hi'n anodd iawn canfod map hwylus o Ddyffryn Camwy a'i blethwaith o lonydd llychlyd rhwng y camlesi. Ond eto, roedd y bobol oedd yn byw yno yn gwybod eu ffordd o amgylch yn iawn, er yn ei gael yn anodd ei ddisgrifio i eraill.

Y gwir yw nad oes ar frodorion angen mapiau. Maen nhw'n gwybod eu ffordd. Mae'r llwybrau cerdd yn cerdded drwy'u cyfansoddiad nhw, ar hyd glan yr afon hon, heibio'r graig acw, a thrwy'r bwlch nes eich bod yn gweld y trwyn. Pobol ddiarth sy angen mapiau. Ond eto, pan ddôn nhw, a chynhyrchu eu mapiau newydd, mae'n beryg i'r enwau newid. Roedd Iolo yn gwybod hynny, ac aeth ati, ar yr un adeg a John Evans yn nhiroedd y Dakota, i geisio hawlio enwau a lleoedd Cymru cyn i neb arall wneud hynny.

Wrth deithio Cymru, mae rhywun yn ymwybodol bod yna filoedd wedi cerdded yr un llwybrau o'n blaen, o lys i lys, o dref i dref, o gwmwd i gantref, a thrwy eu cerdded, eu canu. Mae i bob enw lle, pob ffermdy, pob llan ei stori, sy'n hŷn nac unrhyw fap. Erbyn heddiw mae traffyrdd newydd yn rhuthro heibio i eglwys farmor Bodelwyddan a'i beddau gwynion, ac yn rhuo uwchlaw'r trenau ar bont Britannia, traffyrdd sydd mor newydd yn eu ffordd a'r rheilffordd a unodd arfordir gogledd Cymru ym 1849, a rhoi arwyddocad newydd i Gyffordd Llandudno. Ar y cychod cyflym gellir cyrraedd Iwerddon mewn cwta ddwyawr o Gaergybi, ond mae'r daith ar y trên bach i ben yr Wyddfa yn dal mor rhyfeddol ac erioed, a phwy all wadu'r wefr o herio'r gyfraith ar strets Traws. Ac mae chwilio am yr enwau, y straeon a'r hanesion yn clirio'r drysni ar hen lwybrau sy'n dal i groesi'r tir. Ar ddechrau mileniwm, pan fo cymaint o straeon a phrofiadau pobl, a phobl ifanc, yn deillio o dirwedd gwastad, byd-eang y teledu a'r cyfrifiadur, mae mwy o angen nac erioed i ddod o hyd i'r bryniau a'r pantiau, a hen fapiau y llwybrau cerdd.

the great tidal race. At the same time, to keep the names and routes of Wales from falling into colonial hands, the poet Iolo Morganwg began to map the country, and one young man influenced by Iolo was John Evans, from Waunfawr near Caernarfon, who followed the Missouri river in America in search of the 'Madogwys', the legendary tribe of Welsh speaking native Americans. He died in New Orleans in 1799, but not before mapping the whole length of the Missouri, and using his maps the pioneers Lewis and Clarke became the fist Europeans to cross the Rockies. This young Welshman thrived in post-revolutionary America, working for the Americans, Spanish and English in turn, and combining the skills of the adventurer, the missionary, the trader, soldier, and map-maker.

In his masterful biography of the writer, Bruce Chatwin, Nicholas Shakespeare describes Chatwin's pilgrimage in search of the aboriginies of Australia, and their myths. A central part of their beliefs is the idea of the 'songlines'; 'A "songline" is the term populised by Bruce for "tjuringa line" or "dreaming track". It is not translatable in any sense. It is at once a map, a long narrative poem, and the foundation of an Aboriginal's religious and traditional life.'

Chatwin believed that the nomadic instinct was man's primal urge. The myths of the Australian aborigines were powerful representations of that urge, and of his own restless, shifting personality. This became his holy grail towards the end of his short life, and the central theme of his major work, *The Songlines*. And he believed that much of man's history and activity reflected this nomadic instinct – religious pilgrimages, the nomadic lives of north African and Asian tribes, the slave trade between Africa and the Americas; even members of his own family's naval careers. Because he was never at home in the same place for long, he was fascinated be others who settled, or who travelled far from their homelands. Extraordinary people. But all along the journey, the *tjuringa*, the personal map, would lead the way.

When I was travelling in South America, I was surprised to find how few detailed maps were available, and yet, in the furthest corner of the most unhospitable pampa people would be standing, walking, running. Obviously they knew very well where they were and where they were going. Until comparatively recently Patagonia was *terra incognita* and even now it is quite difficult to find a correct map of the Camwy Valley and its network of canals and dusty tracks. Yet the people who live there can negotiate even the most obscure routes, though they do sometimes find it difficult to point strangers in the right direction.

The truth is that the natives don't need maps. They know their way. The songlines sing through their whole beings, along this river, past that cliff, and through the pass until you reach the headland. Only strangers need maps. And yet, when they come, and produce their new maps, there's a danger that names will change forever. Iolo Morganwg knew that and he was diligently producing his own maps of south Wales at the same time as John Evans in the lands of the Dakota, to claim the names and places of Wales before anyone else came along.

On the roads and footpaths of Wales, you can sense that thousands have walked the same way before, from great hall to great hall, from town to town, from borough to county, and while travelling, creating songlines. Every placename, every farm, every village has a story older than any map. Today a new expressway roars past Bodelwyddan's marble church and chalky graves, and above the trains on the Britannia bridge, there's a road as new today as the railway was in 1849 when it linked the towns of the north Wales coast and gave a new importance to Llandudno Junction. On the fast ferries Ireland is now within two hours of Holyhead, but the train ride to the summit of Snowdon is as wondrous as ever, and who can deny the thrill of playing cat and mouse with the law on the straight in Trawsfynydd. And finding the names, the tales, the stories helps to clear old footways that still cross the land. At the birth of a new millenium, when so many people's, and young people's stories and experiences are formed by the TV and computer's unending, global prairie, there is an even greater need to find the hidden valleys of the old songlines.

trefi a phentrefi

Yn wreiddiol yn Gymraeg, ystyr 'tref' oedd un tŷ annedd neu gartref, ond yn raddol datblygodd i olygu y man lle'r oedd llywodraeth y rhan honno o'r wlad yn cael ei ganoli. Peth cymharol ddiweddar yw datblygiad trefi yn yr ystyr gyfoes yng Nghymru. Roedd yn rhaid teithio cyn belled â Chaer neu Groesoswallt i brofi naws tref go iawn. Ond mae naws a chymeriad oes gynharach yn perthyn i adeiladwaith rhai trefi fel Dolgellau neu Lanrwst.

Tref wedi ei chodi ar y diwydiant gwlân ac amaeth yw y Bala, er bod hanes cynnar iawn iddi, a Gronw Pebr, Arglwydd Penllyn yn gymeriad pwysig yn chwedl Blodeuwedd a Lleu Llaw Gyffes yn y Mabinogi. Wedi ei lleoli ar un pen i Lyn Tegid, lle trig y pysgodyn prin hwnnw, y gwyniad, mae hanes crefyddol tre'r Bala yn enwog, a'r stori ryfeddol am Fari Jones ym 1800 yn cerdded 40 cilomedr i brynu Beibl gan Thomas Charles, un o arweinwyr pwysicaf y Methodistiaid, a fu hefyd yn bennaf gyfrifol am sefydlu'r Gymdeithas Feiblau. Yn y Bala hefyd y dewisiodd Michael D. Jones sefydlu ei Goleg Diwinyddol, yn hytrach na hwylio ar y *Mimosa* i wireddu ei freuddwyd ym Mhatagonia. Yng nghanol un o ardaloedd Cymreiciaf Cymru, mae cysgod hanes trist Tryweryn yn dal yn drwm ar y dref a'r ardal, er mae llanw gwahanol sy'n boddi'r lle y dyddiau hyn, fel y tystia'r traffig trwm ar hen lôn bost yr A5 gydol yr haf.

Roedd y lôn bost yn bwysig yn natblygiad hen dref Llanrwst hefyd. Ond lle gwyllt a di-lôn oedd yr ardal

Y Bala — crud Anghydffurfiaeth Cymru

Bala — cradle of Welsh Nonconformity

*Llanrwst – a
phont hynafol
Inigo Jones.*

*Llanrwst – and
Inigo Jones'
remarkable
bridge.*

towns and townships

Originally the meaning of the Welsh word 'tref' or town was one house or homestead, but gradually it came to represent the place where the administration of that area was based. The growth of the modern town is a fairly recent development in Wales. People would have to travel to Chester or Oswestry to get a taste of civic life. But you can still find a sense of history in the architecture and streets of towns like Dolgellau or Llanrwst.

Bala is a town founded on the agricultural and woollen industries, although the area's history and legends go back to much earlier times. Gronw Pebr, the Lord of Penllyn, is a central character in the legend of Blodeuwedd, the woman created of flowers, and Lleu Llaw Gyffes in the Mabinogion. Located at one end of lake Tegid, home of the rare fish known in Welsh as *gwyniad* (a fresh water whiting), Bala's history as a religious centre is well known. One famous incident is Mary Jones' long trek over 40 kilometres to buy a Bible from Thomas Charles, ond of the leading early Methodists, who was also primarily responsible for establishing the Bible Society. Bala was also chosen by Michael D Jones as the site of his College of Divinity, rather than sailing on the *Mimosa* to realise his dream in Patagonia.

ym 1489, pan ddewisodd Maredudd ap Ieuan o'r Gesailgyfarch symud i fyw yno, oherwydd yr elyniaeth tuag ato o blith ei gymdogion yn Eifionydd. I anialdir Dolwyddelan i ganol yr herwyr a'r lladron y symudodd gyntaf, a chael lles y castell yno. Yn fuan wedyn prynodd blasdy Gwedir ger Llanrwst gan Ddafydd ap Hywel Coetmor, a dyma sefydlu teulu dylanwadol Wyniaid Gwedir. Dyma sut y disgrifiodd yr enwocaf ohonyn nhw i gyd efallai, Syr Siôn Wyn, resymau ei hen daid, Maredudd, dros symud: *"… that he shoulde find elbowe roome in that vast country among the bondmen, and that he had rather fight with outlaws and thieves, than with his own blood and kindred; for if I live in mine own house in Eivioneth, I must either kill mine own kinsmen or be killed by them"*.

Mae plasdy Gwedir, neu Wydir, yn dal yn un o nodweddion hynotaf Llanrwst, a phont Inigo Jones wrth gwrs, a gwblhawyd ym 1636. Hon oedd yr unig bont dros yr afon Conwy nes cwblhau pont Waterloo ym Metws-y-coed a phont grog Conwy 200 mlynedd yn ddiweddarach. Inigo Jones, yn ôl y sôn, a adeiladodd Gapel Gwydir hefyd, ac mae'r gwaith maen nodweddiadol yn rhoi cymeriad i'r dref farchnad brysur hon.

Bangor – dinas a ffynnodd yn sgil y diwydiant llechi a'r rheilffyrdd.

Bangor – a city that prospered on the slate trade and the railways.

Bethesda — cymdeithas glos a diwylliedig a ffurfiwyd gan lwch a chreithiau'r chwarel

Bethesda — a close-knit community, formed by the dust and scars of the quarry

Located in one of the strongest Welsh-speaking areas in Wales, the shadow of the drowning of the Tryweryn valley nearby, to supply water for Liverpool Corporation, still hangs over the area, although it is another flood which threatens Bala these days, as the A5 brings its holiday traffic every summer.

The old mail route of the A5 also had a important part to play in the development of the old town of Llanrwst. But the Conwy valley was a wild and lawless place back in 1489, when Maredudd ap Ieuan of Gesailgyfarch chose to settle there, because of his feuding neighbours in Eifionydd. He acquired the lease of the old castle in Dolwyddelan to begin with, but then he bought the Gwydir mansion near Llanrwst from Dafydd ap Hywel Coetmor, and established the influential Wynn family of Gwydir. This is how the most renowned of the family, Sir John Wynn, explained his great grandfather, Maredudd's reasons for moving to the Conwy valley, "… that he shoulds find elbow roome in that vast country among the bondmen, and that he had rather fight with outlaws and thieves, than with his own blood and kindred; for if I live in mine own house in Eivioneth, I must either kill mine own kinsmen or be killed by them".

Oherwydd y bont hynod yn Llanrwst, yn wreiddiol rhedai'r lôn bost o Loegr a'r gororau, drwy Lanrwst ac yna i gyfeiriad Conwy, tros fwlch Sychnant ac ar draws tywod twyllodrus Penmaenmawr i gyfeiriad Bangor. Gydag agor pontydd ym Metws-y-coed a Chonwy agorwyd ffyrdd eraill. Roedd yr Arglwydd Penrhyn wedi torri ffordd i fyny Nant Ffrancon i Gapel Curig er mwyn hwyluso'r chwareli, ac ym 1808 mabwysiadwyd hon gan y Swyddfa Bost ar awgrym Telford. Ar hyd y lôn bost yma datblygodd pentrefi diwydiannol ardal Bethesda, Gerlan, Rachub a Thregarth. Yn y rhain datblygodd cymunedau clos y terasau tai a gyfrannodd gymaint i ddiwylliant a chrefydd yr ardal hon a fu'n wledig gyhyd.

Âi'r lôn bost yn ei blaen i gyfeiriad Bangor, gan alw heibio hen blwyf Llandygài. Mae yna arwyddion o bresenoldeb pobl yn yr ardal hon er y dyddiau cynharaf. Mae *henge*, sef lle crwn wedi ei amgylchu â chlawdd a ffos, yn Llandygai yn dyddio'n ôl i'r cyfnod 3650-3390 CC, ac yn dyst i bwysigrwydd safle lle deuai llwybrau'r môr a'r tir ynghyd. Heddiw nodwedd amlycaf Llandygài yw tŵr Castell Penrhyn, lle trigai

Llandygài – a godwyd o fewn muriau stad y Penrhyn.

Llandygài – built within the walls of the Penrhyn estate.

The great house at Gwydir is still one of the most notable features of Llanrwst, as well as Inigo Jones' bridge of course, completed in 1636. This was the only bridge across the Conwy river until the completion of the Waterloo bridge in Betws-y-coed and the suspension bridge at Conwy 200 years later. It is said that Inigo Jones built Gwydir Chapel as well, and the distinctive stonework of its buildings gives this busy market town a unique character.

Because of Llanrwst's historic bridge, originally the mail route from England and the marches ran through Llanrwst in the direction of Conwy, then through the Sychnant Pass and across the treacherous sands of Penmaenmawr towards Bangor. With the building of bridges at Betws-y-coed and Conwy new roads were opened. Lord Penrhyn had built a road up the Nant Francon pass to Capel Curig to open up his quarries in the Ogwen valley, and in 1808 this road was adopted by the Post Office at the suggestion of Telford himself. Along this road the industrial communities of Bethesda, Gerlan, Rachub and Tregarth grew out of the rural past, with their close-knit terraces contributing so much to the area's cultural and religious life.

teulu'r Penantiaid, perchnogion chwarel y Penrhyn ym Methesda. O dop y tŵr medrai'r Arglwydd edrych draw tuag at y carneddi a'r clogwyni a oedd yn cael eu chwythu i ebargofiant er mwyn cynyddu ei drysorfa.

Yn nes at Fangor mae Porth Penrhyn, lle'r oedd llechi'r chwarel yn cael eu hallforio i bedwar ban byd. Ac mae'n anodd dychmygu heddiw pa mor brysur oedd y Fenai yr adeg hynny. Tyfodd Porthaethwy fel tref bysgota a llongau, ac yno y croesai'r fferi o Westy'r George, hyd nes agor yr 'Uchelgaer uwch y weilgi', sef pont grog Telford, ym 1826. Ar lan arall y Fenai, i gyfeiriad Caernarfon, roedd ail borthladd llechi mawr yr ardal, sef y Felinheli, neu Bort Dinorwig. Ond mae glannau'r Fenai yma hefyd yn enwog am frwydr Moel-y-don ar ddydd Gŵyl Sant Lennard yn Nhachwedd 1282, buddugoliaeth fawr olaf lluoedd Llywelyn dros fyddin Edward 1af (er bod rhai yn awgrymu mai ar dywod Lafan rhwng Llanfaes ac Abergwyngregyn y bu'r frwydr

Y Felinheli – a marina bellach lle'r oedd y llongau'n cludo llechi i bedwar ban byd.

Port Dinorwig – with its marina where once ships carried slates to the four corners of the world.

*Cricieth – a'i
gastell yn cadw un
llygad ar fae
Ceredigion.*

*Cricieth – with its
castle surveying
Cardigan Bay.*

The mail route continues towards Bangor, calling at the ancient parish of Llandygài. A henge, or circular site within a bank and ditch, discovered in Llandygài dates back to the period between 3650-3390 BC, evidence of the importance of a site where the sea and land routes met. Today Llandygài's most striking feature is the tower of the Penrhyn Castle, built by the Pennant family, the owners of the Penrhyn slate quarry in Bethesda. From the top of his tower the Baron could look out towards the mountains and rock faces that were being blown to oblivion to increase his wealth.

Further on towards Bangor is Port Penrhyn, where Penrhyn's slates were exported to the four corners of the world. And today it is difficult to imagine how busy the Menai Strait was at that time The town of Menai Bridge grew as a result of the fishing and ship building industries, and was also where the ferry crossed from the George hotel, until Telford's mighty Menai suspension bridge was opened in 1826. On the other bank of the Menai, towards Caernarfon, is the second great slate exporting port, Port Dinorwig, which served the massive Dinorwig quarry in

Borth-y-gest

honno pryd y boddwyd milwyr y brenin gan lanw tywllodrus y Fenai). Ond mae gennym hawl i ddychmygu.

Ymhellach ar hyd arfordir Gwynedd, roedd gan Gricieth ran fechan yn nhrefn weinyddol y tywysogion Cymreig, ond ar ôl concwest Edward I y daeth i chwarae rhan bwysicach ym mywyd y sir. Mae'n siŵr mai cwnstabl enwocaf y castell oedd Syr Hywel y Fwyall, a dderbyniodd y swydd gan y brenin oherwydd ei gampau yn rhyfeloedd Ffrainc. Canodd Iolo Goch ymhlith eraill i Syr Hywel, 'Ysgythrwr cad, aets goethrudd', ond troi yn erbyn y castell wnaeth lluoedd Owain Glyndŵr, ac wedi cwymp y castell, cwympo wnaeth cyflwr y fwrdeistref hefyd. Erbyn ail hanner yr ail ganrif ar bymtheg roedd golwg drist iawn ar y lle, yn ôl y bardd Edward Morris beth bynnag:

> 'Didrysor ym min môr yw'r man - a garw
> O gerrig a gwman,
> Gwaelaf yng Ngwynedd, wedd wan,
> Nychiad o dref, och, druan!'

Hyd yn oed yn y ganrif ddiwethaf medrai Edmund Hyde Hall ddweud am Gricieth, *'The place itself is formed of a single street of mean houses lying along a kind of bay of no very good anchorage even for small vessels'*. Ond daeth y ffordd newydd a adeiladwyd ar hyd arfordir Llŷn ac Eifionydd wedi agor cob Porthmadog ym 1808 a llewyrch newydd i Gricieth, llewyrch a adlewyrchwyd gan gampau mab enwocaf yr ardal, David Lloyd George, ar ddechrau'r ugeinfed ganrif.

Aber

Llanberis. But the shores of the Menai here are also famous for the battle of Moel-y-don on the Feast of St Lennard in November 1282, the last great victory by Llywelyn's forces over Edward I's army (although some suggest that the site of the battle was on the treacherous Lafan sands between Beaumaris and Abergwyngregyn, when the tides caught and drowned the English). But we are free to imagine.

Further along the coastline, Cricieth had a small part to play in the administration of Gwynedd under the Welsh princes, but it was after Edward I's conquest that it came into its own. He strengthened the castle overlooking Cardigan Bay, and its most famous constable was Syr Hywel y Fwyall *(Hywel of the Battleaxe)*, who was rewarded for his bravery in the French wars with the stewardship of the castle. The poet Iolo Goch, amongst others, eulogised Sir Hywel as 'Ysgythrwr cad, aets goethrudd' *('Carver in battle, emblazoned H')*, but the forces of Owain Glyndŵr turned against the castle, and after it's fall, the fortunes of the town fell as well. By the second half of the seventeenth century, Cricieth was a very desolate place, according to the poet Edward Morris at least:

"Didrysor ym min môr yw'r man - a garw
    O gerrig a gwman,
  Gwaelaf yng Ngwynedd, wedd wan,
  Nychiad o dref, och, druan!"
('The poor place hides beside the sea - a rough place
    Of seaweed, and stony,
  The worst in Gwynedd, woe is she,
  A feeble place, looking so sorry.')

Even in the nineteenth century, Edmund Hyde Hall could write of Cricieth, 'The place itself is formed of a single street of mean houses lying along a kind of bay of no very good anchorage even for small vessels'. But the new road built along the coast of Llŷn and Eifionydd as a result of opening the Cob in Porthmadog in 1808 enabled Cricieth to flourish, and its success was reflected at the beginning of the twentieth century, by the achievements of the area's most famous son, David Lloyd George.

gweithio ar wyneb y graig

Erbyn heddiw mae rhywun yn tueddu i feddwl am ogledd orllewin Cymru fel ardal wledig, lle mae'r môr a'r mynydd yn cwrdd ar draethau bendigedig a lle mae tonnau gwynion yn torri ar glogwyni garw i gyfeiliant cri adar y môr. Ond 'does dim rhaid edrych ymhell i ganfod ôl diwydiannau hen a newydd ar hyd y lle, diwydiannau sydd yn eu ffyrdd gwahanol wedi newid a dylanwadu ar siâp y tirwedd.

Efallai mai y diwydiant hynaf, a'r un pwysicaf hyd heddiw yw amaethyddiaeth. O'r gweundir uwchlaw Rowen a dyffryn Conwy, i Ynys Enlli, i dir bras Môn, mae patrymau amaethu o'r cyfnod cynharaf hyd at y dulliau diweddaraf wedi gadael eu hôl ar wyneb y tir. Yn waliau sychion, caeau gwastad neu hen gorlannau, mae'r siapiau hyn yn amlwg, yn arbennig o'r awyr. Trwy glirio'r coedwigoedd ar y llechweddau, a thrwy ennill tir rhag y môr, i raddau helaeth y ffermwyr a luniodd ac a gadwodd y tirwedd yr ydym ni yn ei fwynhau heddiw. Pwy a ŵyr pa newidiadau a ddaw at y dyfodol wrth i afael amaethyddiaeth edwino?

Os mai amaeth a ddylanwadodd fwyaf ar dirwedd yr ardal, mae diwydiannau eraill wedi gadael creithiau mwy dramatig. Bu'r Rhufeiniaid yn cloddio copr o Fynydd Parys yng ngogledd

Dinorwig — pwerdy yn cuddio tu ôl i'r tomenni llechi.

Dinorwig power station — hiding under the disused slate tips.

Ynys Enlli — a phatrymau'r caeau bychain.

Bardsey Island — and the intricate pattern of the fields.

sweating on the rock face

Today north western Wales is usually considered a rural area, where the sea and the mountains meet to kiss golden beaches and where white breakers crash on high cliffs to the sound of seabirds. But not far under the surface are the remains and scars of industries, old and new, industries that have in their different ways changed and shaped that landscape.

It's possible that the oldest industry, and the most important through the ages, is agriculture. From the moorland above Rowen and the Conwy valley, to Bardsey island, to the green fields of Anglesey, the changing patterns of farming from the earliest times to the latest techniques, have left their mark on the land. The shapes of dry stone walls, grazing lands and ancient sheepfolds can all be seen, especially from the air. By clearing the woodlands on the mountains and claiming land from the sea, to a great extent the farmers formed and preserved the landscape that we enjoy today. We can only guess at the kind of landscape that will remain in the future as agriculture's hold weakens.

If agriculture was the greatest influence on the region's landscape, the scars left by other industries are more dramatic. The Romans were the first to mine copper in north Anglesey, and when these

Rhwng Ro-wen a Dwygyfylchi – lle rhed yr hen ffordd Rufeinig.

Between Ro-wen and Dwygyfylchi – where the remains of the old Roman road can be found.

Fferm ym Môn – a'r adeiladau'n adlewyrchu datblygiad amaethyddiaeth.

A farm on Anglesey – the buildings reflect the development of farming.

Mynydd Parys — a chreithiau coch a glas y gwaith copr.

Parys Mountain — and the red and blue scars of the copper mines.

Môn, a phan ddaethpwyd o hyd i'w gweithfeydd hwy unwaith yn rhagor ym 1761, datblygodd Mynydd Parys yn brif waith copr Ewrop, yn cyflogi dros fil o weithwyr. Erbyn 1801 dim ond pum plwyf yng Nghymru oedd yn fwy poblog nac Amlwch, ac roedd y 'copor ladis' lliwgar yn enwog drwy'r wlad. Erbyn heddiw mae creithiau coch y gwaith yn debycach i ddiffeithwch Arizona na mynydd ym Môn. Ychydig filltiroedd ar hyd yr arfordir i gyfeiriad Cemaes, mae olion sy'n debycach i demlau ar un o ynysoedd Groeg na dim arall. Dyma hen waith brics y Borthwen a'r temlau yw'r hen boptai i danio'r brics. A'r môr yn llonydd ar bnawn o haf, bydd y morloi yn galw heibio'r bae prydferth hwn.

Ymhellach eto i gyfeiriad Caergybi, ac fe welwch arwyddion yn eich arwain at Felin Llynon, Llanfachraeth, yr unig felin weithredol sydd ar ôl ar Ynys Môn. Ar ddechrau'r ugeinfed ganrif byddai'r ynys yn fôr o hwyliau melinau'n troi. Ond melinau newydd a diarth sydd yn meddiannu'r caeau erbyn hyn. Erbyn heddiw, prysurdeb y llongau'n croesi'n rheolaidd yn ôl ac ymlaen o'r Iwerddon yw prif ddiwydiant Caergybi. Ond mae yma nifer fechan o longau pysgota yn dal i hwylio o'r porthladd, gan fentro i

Melin Llynon — yr unig felin weithredol ar Ynys Môn.

Llynon Mill — the only functioning windmill on Anglesey.

seams were rediscovered in 1761, Parys mountain near Amlwch became Europe's biggest producer of copper, employing over a thousand workers. By 1801 there were only five parishes in Wales with a population larger than Amlwch, and the colourful 'copper ladies' were infamous throughout the land. Today the mines' red scars are more reminiscent of an Arizonian desert than a hillside on Anglesey. A few miles along the coast towards Cemaes, there are remains that look more like ruined temples on a Grecian island than anything else. This is the old Borthwen brickworks, and the temples are the brick firing furnaces. On a bluegreen afternoon in summer the seals often call by this quiet bay.

Further west again towards Holyhead, and the signs direct you to the Llynon windmill in Llanfachraeth, the only functioning windmill on the island. At the beginning of the twentieth century the island was a sea of windmill sails, but new

ganol llanw twyllodrus Môr Iwerddon. Ac yn ôl y sôn, cafodd y cannoedd ar
gannoedd o adar môr, yn adar pâl, gweilch y penwaig a gwylogiaid, eu denu'n
fwriadol i nythu ar glogwyni Ynys Cybi, er mwyn rhybuddio llongwyr rhag perygl y
creigiau. Mae sgrechiadau'r adar yn atsain gymaint mewn un ogof arbennig, fe'i
bedyddiwyd yn 'Parliament House'.

Ar draws y bae o Gaergybi, yng nghysgod yr Eifl, mae hen bentref Nant Gwrtheyrn
bellach yn ferw gan sŵn pobl a phlant yn dysgu'r Gymraeg. Gwireddwyd dyhead cân
adnabyddus Ac Eraill, a 'byw fyddi Nant Gwrthweyrn', ond cyn yr adfywiad
diweddar roedd Nant Gwrtheyrn fel cymaint o bentrefi diwydiannol Cymru wedi
colli'r rheswm dros ei fodolaeth, sef y gwaith. Mae pentref Corris, neu bentrefi
Corris Uchaf a Chorris Isaf, a'r tomenni llechi amlwg yn dal yn rhan hanfodol o'r
daith o'r gogledd i'r de, a'r tro enfawr rhwng y ddau bentref fel llinyn bogail. Rhan
o'r her sy'n wynebu y cymunedau hyn yw sut i lenwi'r bwlch a adawyd gan y
chwarel a'r gwaith.

Corris — a'i dro enwog yn clymu gogledd a de.

Corris — its great bend linking north and south Wales.

and strange windmills are claiming the island's green fields today. The main activity in modern Holyhead is connected to the ferries which cross regularly to and from Ireland. But a small fishing fleet still sails from the port, chancing their luck in the Irish Sea's treacherous currents. And the word is that the thousands of sea birds which nest on the cliffs of Holy Island, puffins, guillemots and razorbills, were deliberately brought there to warn sailors with their cries. The screeching birds make such a racket in one cavern, it has been given the name 'Parliament House'.

Across the bay from Holyhead, in the shadows of the Eifl mountain range, lies the old village of Nant Gwrtheyrn, which now echoes to the sound of people of all ages learning Welsh. A famous Welsh song's dream that 'Nant Gwrtheyrn will live again' has been realised, but before its revival as a language centre, the village, in common with so many of Wales' industrial villages, had lost its reason for existing, namely the quarry. The village of Corris, or the villages of Upper and Lower Corris and their slate tips, are still landmarks on the tortuous route from north to south Wales, with the great bend linking both villages like an umbilical cord. The challenge

Ac nid patrymau a chreithiau gwaith y gorffennol pell yn unig sydd wedi newid. Bellach mae atomfa Trawsfynydd yn segur, er na welwn y tyrau na'r llyn yn diflannu o'r tirwedd. Mwy nac y gwelwn gaer concrid enfawr Y Wylfa yn diflannu o arfordir Môn. Y duedd erbyn hyn yw ceisio cuddio datblygiadau newydd, a than domenni llwydlas chwarel fwyaf Ewrop ar un adeg, mae pwerdy Dinorwig yn pwmpio'i ynni i bob rhan o'r ynysoedd hyn. Ac yng nghysgod pont reilffordd arloesol Robert Stephenson dros y Fenai, bellach mae'r dechnoleg ddiweddaraf yn cyflogi to newydd ym meysydd glas Parc Menai ger Bangor.

Yr Wylfa – a melinau gwynt a'u hynni glân yn y cefndir

Wylfa – and the wind turbines and their clean energy in the background.

facing such villages today is to fill the void left by the closing of the quarries and mines.

And change has come not only to the old industries of northern Wales. The nuclear power station at Trawsfynydd is now dormant, although it will be a long time before its towers and lake disappear from the landscape. Any more than the concrete fortifications of Y Wylfa power station on Anglesey's coastline can be expected to vanish. The fashion today is to try and camouflage new developments, as has been done so successfully with the Dinorwig hydroelectric power station in Llanberis. This giant rests under the blue-grey slate tips of what was once the largest quarry in Europe. And in the shadow of Robert Stephenson's pioneering railway bridge across the Menai Strait, the latest technology now employs a new generation of workers on the green field site of Parc Menai near Bangor.

Trawsfynydd o
Faentwrog.

Trawsfynydd from
Maentwrog.

Cwm Penmachno a'i
chwydfeydd o lechi rwbel.

Cwm Penmachno with its
quarry waste spewing down
the valley slopes.

Iard Gychod,
Caergybi – gweddillion
y diwydiant pysgota.

Boat Yard, Holyhead
– the remains of the
fishing industry.

Twnnel Llanfairfechan.

Llanfairfechan tunnel under
construction.

chwerthin a chwarae

'O! mwyn yw cyrraedd canol
    Y tawel gwmwd hwn,
O'm dyffryn diwydiannol
    A dull y byd a wn;
A rhodio'i heddwch wrthyf f'hun,
Neu gydag enaid hoff, cyûn.'

Fe fu perthynas agos rhwng gŵyl a gwaith erioed. Erbyn heddiw mae hamdden yn chwarae rhan bwysicach o lawer yn ein bywydau nac yng nghyfnod R Williams Parry, er, yn eironig ddigon, nad yw oriau gwaith mor hir. Ond un o ryfeddodau gogledd orllewin Cymru yw mor agos yw y llecynnau lle gall rhywun ymlacio a hamddena at chwys y chwarel a phrysurdeb y ffatri. Gall rhywun ddianc ar ei union i fwynhau egwyl yn pysgota am frithyll ger y Lôn Goed; neu ddal y trên bach o ganol tomenni llechi Blaenau Ffestiniog a disgyn yng ngorsaf Minffordd a chrwydro'n hamddenol i ganol rhyfeddodau pentref Eidalaidd Portmeirion.

Adeiladodd y pensaer Clough Williams-Ellis bentref Portmeirion o 1925 i 1975 ar ei benrhyn preifat ei hun yn Aber Iâ ger Penrhyndeudraeth. Roedd o eisiau dangos y gallai 'ddatblygu ar safle oedd yn naturiol brydferth heb arwain i'w hagru'. Ei gonsŷrn drwy gydol ei fywyd oedd gyda phensaerniaeth, cynllunio tirwedd, amddiffyn Cymru Wledig a chadwraeth yn gyffredinol, ac ymdrechodd ym Mhortmeirion i fynegi ei syniadau. Brwydrodd dros brydferthwch - *'that strange nesessity'* meddai. Yma yr ysgrifennodd Noël Coward Blythe Spirit ym 1940, ac mae'r ffaith bod cyfres deledu y Prisoner wedi ei ffilmio yno yn y 1960au wedi dod a llawer o fri i'r pentref. Erbyn hyn mae'r holl fythynnod yn cael eu gosod fel rhan o Westy Portmeirion ac mae gan y pentref hefyd sawl siop a bwyty ac mae wedi ei amgylchynnu gan y 'Gwyllt', sef gerddi a choedwig isdrofannol a milltiroedd o draethau tywod.

Mae traethau Eifionydd a Phen Llŷn wedi rhoi pleser i filoedd ar filoedd ar draws y blynyddoedd. O Forfa Bychan ger Porthmadog, a'i olygfeydd rhyfeddol ar draws Bae Ceredigion, i Nefyn sy'n edrych tua'r gogledd a glannau Môn, 'does dim llawer o newid, ac eithrio'r newid naturiol a ddaw gyda llanw a thrai, wedi digwydd i'r traethau hyn. Ac er gwaethaf y prysurdeb a ddaw yn ystod misoedd yr haf, mae yma le i enaid gael llonydd pan ddaw gwyntoedd y gaeaf i chwipio'r tonnau.

Ond os nad oes llawer o ôl ein mynd a dod ar y traethau, mae erwau lawer o'r arfordir wedi eu trin er mwyn rhoi difyrrwch. Mae rhai o gyrsiau golff gorau'r ynysoedd hyn ar hyd arfordir gogledd

*Fferm ger y
Lôn Goed — a llynnoedd
i bysgota brithyll.*

*A farm by the
'Lôn Goed', and trout
fishing lakes.*

Portmeirion —
creadigaeth
Clough Williams-Ellis.

Portmeirion — the creation
of Clough Williams-Ellis

laughter and leisure

'O! mwyn yw cyrraedd canol
    Y tawel gwmwd hwn,
O'm dyffryn diwydiannol
    A dull y byd a wn;
A rhodio'i heddwch wrthyf f'hun,
Neu gydag enaid hoff, cytûn.'
('It's a joy to reach the stillness
    At this commote's heart,
From my industrial valley
    Which seems a world apart;
To wander its tranquility all alone
Or with a friend, well loved, well known.')

So sang the poet R Williams Parry about a peaceful wooded lane, *Y Lôn Goed*, in Eifionydd. And there has always been a close connection between work and play. Today leisure plays a much greater part in our lives than in Williams Parry's day, although, ironically enough, the working day is much shorter. But one of the wonders of north west Wales is the proximity of places where people can relax and enjoy to the quarry's dust and the factory floor. It's easy to escape and within a few minutes take time to fish for trout near where Williams Parry was inspired; or catch the narrow guage railway from the centre of Blaenau Ffestiniog and alight at Minffordd to explore the Italianate wonders of Portmeirion.

The architect Clough Williams-Ellis designed and built the village of Portmeirion between 1925 and 1975 on his own private peninsula at Aber Iâ near Penrhyndeudraeth. He wanted to prove that he could 'develop a site of natural beauty without leading to its destruction'. He was concerned throughout his life with architecture, landscape design, protecting Rural Wales and conservation in general, and in Portmeirion he attempted to express his ideals. He fought for beauty - 'that strange necessity' in his own words. It was here that Noël Coward wrote Blythe Spirit in 1940, and the filming of the cult TV series 'The Prisoner' here in the 1960s has attracted many thousands to the village over the years. Today all the houses in the village are part of the

Portmeirion – lleoliad cyfres boblogaidd y 'Prisoner'.

Portmeirion – location for the cult series 'The Prisoner'.

Y Rhyl – prifddinas trefi glan môr y gogledd.

Rhyl – capital of the north Wales resorts.

Pier Llandudno

Morfa Bychan — a phatrymau'r
carafanau.

Black Rocks — and the patterns
created by caravans.

Cymru, o Harlech i Landudno, ac yn eu plith cwrs golff Nefyn, yn ymestyn hyd at hen bentref Porthdinllaen a'i fythynnod cysglyd. Ac fyth er i'r rheilffordd o Gaer i Gaergybi ar hyd arfordir gogledd Cymru gael ei chwblhau ym 1850 tyrrodd ymwelwyr i'r trefi glan môr, o Brestatyn i Benmaenmawr. Y Rhyl yw'r enwocaf o'r trefi hyn wrth gwrs, yn gyrchfan tripiau Ysgol Sul a gwyliau teuluol ers diwedd y 19eg ganrif. Mae'r rheilffordd fechan o amgylch llyn pleser Marine Lake yn dyddio o 1911, ac er bod y Rhyl fel gweddill y trefi hyn wedi gweld dirywiad yn ddiweddar, mae'r twr ger y môr a'r olwyn fawr yn dal yn nodweddion amlwg ar dirwedd y gogledd.

Er bod y mynydd a'r môr yn ddelfrydol er mwyn mwynhau'r tawelwch ar eich pen eich hun, traddodiad o hamddena cymdeithasol sydd i froydd y chwarel a'r fferm fel ei gilydd. Gwelodd twf y chwareli dwf hefyd yn y diddordeb mewn pêl droed a biliards. Ac nid y dynion yn unig oedd yn cael cyfle i hamddena. Ar achlysur coroni

Cwrs Golff Nefyn —
yn chwarae
triciau â'r tonnau.

Nefyn Golf Course
— playing games with
the sea.

Aberdaron

Portmeirion Hotel, and there are also a number of shops and restaurants in the village. And it is surrounded by 'Y Gwyllt' *(The Wild)*, sub-tropical gardens and woodland, and miles of sandy beaches.

The beaches of Eifionydd and the Llŷn peninsula have given pleasure to many thousands over the years. From Black Rock beach near Porthmadog, and its wonderful views across Cardigan Bay, to Nefyn which looks northwards to the shores of Anglesey, not much has changed on these beaches, other than the natural shifts of wind and tides. And despite the clamour and crowds of the summer season, in winter the wind and wave-swept beaches offer peace and tranquility for the tired soul.

But even if there's not much evidence of our coming and going on the beaches, large parts of the coastline have been adapted to meet our leisure needs. Some of the best golf links in these islands are along the north Wales coast, from Harlech to Llandudno, and one of the most scenic is Nefyn golf course, which winds its way to the village of Porthdinllaen and its sleepy cottages. And ever since the completion in 1850 of the main line along the north Wales coast from Chester to Holyhead, visitors have flocked to the coastal resorts, from Prestatyn to Penmaenmawr. The most famous of the resorts is probably Rhyl, the haunt of trippers and holidaymakers from the late 19th century. The

Brenhines Llechi Bethesda mae'r gymdeithas gyfan yn cael cyfle i ymlacio a chael hwyl. Ac erbyn heddiw, mae hyd yn oed hen blasdai y byddugions yn faes chwarae. Ar safle Plas Coch ar lannau'r Fenai mae yna raliau hen geir a pheiriannau stêm rheolaidd, heb sôn am un o weithgareddau hamdden mwyaf poblogaidd ein dyddiau ni – y sêl cist car.

Coroni Brenhines Llechi Bethesda – y gymdeithas yn dathlu gyda'i gilydd.

The crowning of the Bethesda Slate Queen – all the community in one celebration.

Plas Coch

miniature railway along the shore of Marine Lake dates back to 1911, and despite the fact that Rhyl like the rest of the traditional resorts have enjoyed better days, the viewing tower and the funfair's giant wheel are still important north Wales landmarks.

Although the mountain and the seaside are ideal for solitude and peace and quiet, leisure has always been a social event for both the agricultural and quarrying communities. With the growth of the quarries games like football and billiards flourished. And the men weren't alone in knowing how to enjoy themselves. The crowning of the Slate Queen is an occasion when the whole community in Bethesda come together to have fun. And by now, even the mansions of the old landed gentry have become playgrounds. In the grounds of the stately home of Plas Coch on the shores of the Menai vintage car and steam engine rallies are held regularly, as well as one of the most common leisure activities of our time – the car boot sale.

... wrth fy nghefn

Mae rhyfel a heddwch, gwaith a gŵyl, gweddi a gwagedd wedi gadael eu hôl ar dirwedd gogledd Cymru dros y pum mileniwm a aeth heibio. Ac nid yr un fyddai cymeriad y broydd hyn heb y creithiau a'r olion, y muriau a'r pontydd a adawyd gan y cenedlaethau a fu. Er mor bwysig yw gwarchod a chadw ein cynefinoedd a'n tirwedd, mae i batrymau gwaith llaw y bobol a fu, ac sydd yn byw yma eu harddwch hefyd.

Wrth i lwybrau a phatrymau byw pobol ddatblygu a newid, mae'r defnydd a wneir o adeiladau a thirwedd hefyd yn newid. Wrth i chi grwbanu ar hyd yr hen A5 i gyfeiriad Caergybi, yn ceisio osgoi neu oddiweddyd y loriau a'r carafanau, efallai i chi sylwi ar dŷ Mona, tŷ dau lawr gosgeiddig a godwyd gan Telford rhwng 1819 a 1821 yn lle

*Yr Wyddfa
o Farchlyn.*

*Snowdon from
Marchlyn.*

keeping the faith

War and peace, work and play, pleasure and prayer have all left their mark on the landscape of north Wales over the last five milennia. And this land would not be same without the scars and remains, the walls and bridges left by the succeeding generations. Despite the importance of protecting our landscape and habitats, there is beauty as well in the patterns created by the hands of the people who have lived here.

As the routes and lifestyles of people develop and change, their use of buildings and landscapes also change. As you used to crawl along the old A5 towards Holyhead, trying to avoid or overtake the lorries and caravans, you may have noticed a house called Mona, a handsome two floored house built by Telford between 1819 and 1821 to replace Gwyndy. Mona was an important halt for stagecoach travellers until the railway deposed the mail coach in 1848. But its tradition of welcoming strangers was maintained until recently, with the owners offering bed and breakfast

Gwyndy. Roedd Mona yn gyrchfan pwysig i deithwyr y goets fawr hyd i'r rheilffordd oddiweddyd y goets ym 1848. Ond bu'r traddodiad croesawgar yn cael ei gynnal gan y perchnogion hyd yn ddiweddar trwy gynnig gwely a brecwast i'r teithwyr lluddedig sy'n mentro tua Chaergybi.

Ac fel yn achos Gwyndy, profodd eglwysi a chapeli, tafarndai a bwytai, melinau a ffermydd groeswyntoedd cyfnewidiol arferion a masnach. Mae hen lety urddasol y George ar safle'r hen Goleg Normal ym Mangor, lle'r arferai'r fferi groesi i Borthaethwy yn enghraifft berffaith. Fel y mae nifer o dafarndai a gwestai a gorsafoedd a arferai wasanaethu'r rheilffyrdd, ond sydd bellach yn furddunod neu dai annedd.

O'r Fenai tua'r mynyddoedd – tirlun ein hannibyniaeth.

From the Menai towards the mountains – our independent landscape.

*Lliwedd – a'r
eira'n goron.*

*Lliwedd – crowned
with snow.*

accommodation to weary travellers heading for the ferry.

And as in the case of Gwyndy, churches and chapels, inns and hotels, mills and farms have all experienced the shifting crosswinds of trade and fashion, and market forces. The once distinguished George Hotel on the old Normal College site in Bangor, where the ferry used to cross to Menai Bridge is an excellent example, as are numerous pubs and hotels and stations which used to serve the railways, but which are now in ruins or used as dwellings.

But as you look across from the shores of the Menai towards Snowdon and her entourage on a fine May evening, with perhaps some stubborn snow still clinging to nooks and crannies, it's easy to imagine our earliest forefathers standing in amazement in the same place, before any towering bridges linked Anglesey with the mainland. The name of one of the townships which formed the commote of Llanllechid in the middle ages was Llidiartygwenyn (*'the gateway of the bees'*). And

Ond wrth edrych draw o lannau'r Fenai tuag at y Wyddfa a'i chriw ar noson deg o Fai, ac efallai ychydig o eira styfnig yn dal i lechu yn y cilfachau, mae'n hawdd dychmygu ein cyndeidiau cynharaf yn sefyll yn yr un fan, cyn bod sôn am bontydd gosgeiddig yn clymu Môn a'r tir mawr, ac yn rhyfeddu at yr un olygfa. Enw un o'r trefi a ffurfiau gwmwd Llanllechid yn y canol oesoedd oedd Llidiartygwenyn. A hyd heddiw, wrth ddisgyn o Lyn Ogwen tua'r môr, rhwng tomenni glas chwarel y Penrhyn a thŵr ffroenuchel y Castell, mae'n hawdd dychmygu pam y bedyddiwyd y lle hwnnw â'r fath enw. Onid trwy'r bwlch hwn y deuai'r gwenyn at eu gwaith, a gadael hefyd wrth i aeaf arall guddio Lliwedd a Phen Llithrig y Wrach?

Eira ar Eryri.

Snow hiding Snowdonia.

Tryfan, Llyn Ogwen — a Llidiart y Gwenyn.

Tryfan, Lake Ogwen — and 'the pass of the bees'.

even today, as you meander down from Lake Ogwen towards the sea, between the blue-grey slate tips of the Penrhyn quarry and the haughty tower of Penrhyn Castle, it's easy to imagine why such a name was given to that place. Wouldn't the bees have come down through this pass with the summer, and left again as another winter covered Lliwedd and Pen Llithrig y Wrach?